Peter Ahorner

Noch mehr vergessene Wörter

Österreich

NOCH MEHR VERGESSENE WÖRTER

Österreich

ueberreuter

MIX
Aus verantwortungs-
vollen Quellen
FSC® C014138
FSC
www.fsc.org

1. Auflage 2023

ISBN 978-3-8000-7849-3

Lektorat: Marina Hofinger
Covergestaltung & Grafik: Saskia Beck | s-stern.com
Illustrationen: © Adobe stock
Satz: Sabine Karasegh | skgh.at
Druck und Bindung: Finidr s.r.o., Český Těšín

www.ueberreuter.at

Einleitung

„*Parole, Parole, Parole*“ trällert Anfang der Siebziger die Schlagersängerin Mina ihrem schmachtenden Draufgänger und Duettpartner Alberto Lupo ins Gewissen. Wie gehabt, bis heute: Der Mann ist bereit, die Frau ist bereits.

Besonders Wörterbücher älteren Datums enthalten bisweilen erschreckend immensen „Reichtum“ an Vokabeln für Gewalt, Verachtung, Unterdrückung (besonders gegenüber Frauen) und Fremdenfeindlichkeit.

Allzu leicht vorstellbar, dass verbale Machtspiele nicht selten mit körperlicher Nötigung enden, Zeugnis dafür gibt so manches Dialektlexikon, einst *Idioticon* genannt: Ein Schelm, wer Böses dabei denkt! Denn nicht um das Vokabular äußerst dummer Menschen handelt es sich, vielmehr leitet sich *Idioticon* von Idiom ab, womit die Sprechweise einer regional oder sozial abgegrenzten Gruppe gemeint ist.

In welchem Alter hat James Bond *Bamerl* machen können? Und war er als 13-Jähriger ein *Wimmerlagent?* Warum hat die Großmama gerne Tee aus *Arschkitzel* bereitet und jeden *Atlaspfingsttag* mit einer *Audienzschwester* Spinat gegessen? Warum verlieben sich viele Menschen im *Auswärts?* Und was hat das *Beischltelefon* wirklich gesagt? Hat man ihr den *Creditfetzen* geglaubt? Genießt der Herr Nachbar noch immer seinen *Durchsichtigen* und *Flaxn*? Und warum ist er so ein schwacher Esser, obwohl er ständig *futtert?* Außerdem hat er sicher *in Gablitz studiert.* Doch völlig verdorben ist der andere Kollege, nur *facheln* und *fludern* will er, nicht nur ein *Lasterdarm* ist der, sondern ein Filz obendrein, der elende *Wolkenschieber,* der gehört auf den *Lemoniberg,* und bald soll ihn der *Schwarzkasperl* holen! Da sind mir *fesche Geister* viel lieber! Die Großtante hat immer gesagt: „*Grüne Witwe* bin ich nicht so gerne, viel lieber eine *kühne Witwe,* ob mit oder ohne *Pumpanella!* Sie kommt aus der Oststeiermark und macht die allerbesten *Röllerl.*

Und der Rudi in Oberösterreich? *Tauchte Haxen* hat er schon lang, ein bisserl *turbiert* und ein *Nachtlamperl* ist der Rudi schon länger, doch ein liebenswerter *Schnickl,* noch immer er träumt von einer Reise mit dem *Himmeltraktor.*

Die oben kursiv gesetzten Archaismen werden die geschätzten Leser:innen in diesem Band einfach zu finden wissen: Viel Vergnügen beim Blättern!

A

Aargukn	Eierschalen
Aarn	Klammer, Schließe
abbassen	Nüsse vom Baum herabschlagen
Abent	Erntezeit
abfahren	sich heimlich von einem Ort entfernen *Er is dem Kellner abgfahren.* – Er hat die Zeche geprellt.
abgschafft	verboten
ablausen	jem. im Spiel viel Geld abnehmen
ablechti(g)	matt, erschöpft
Abrifern	Rauwerden glatter Gegenstände
Absatzvertreter	Niete (jenes Wesen gibt vor, ein Vertreter zu sein)
abscherzeln	den Ball nicht in der Mitte, sondern am Rand treffen, sodass er seitlich wegfliegt siehe *Fettn*

abschwarteln	Gegenstände abbetteln
abserben	1. abmagern 2. dahinsiechen (an Leibeskraft verlieren und dadurch zu Tode kommen) 3. hinfällig, kränklich werden
abstappeln	begehen, aufsuchen *Er stappelt alle Wirtshäuser ab.*
abtanzen	sich aus dem Staub machen
abtargeln	hinausfallen, herabfallen
Abwaisel	1. Waise 2. unbefiederter Vogel im Nest
abwerkeln	gedankenlos aufsagen *(Er werkelt sei Lektion ab.)*
Abzehrung	Abmagerung
abzirkeln	1. genau berechnen 2. anordnen
Abzwickter	untersetzter, kleiner Mann
Achlputz	1. Speise aus Überresten 2. (Gspr.) Gefängniskost
Achselträger	Person, die auf beiden Achseln etwas trägt, es mit zwei Gegnern zu tun hat
Adn	Egge

adrapieren	(ital. *attrappare:* fangen) erwischen, ertappen
Affenschneuzer	Tierpfleger
afterreden	1. verleumden 2. Böses nachreden
ahnd	(mhd. *ande:* befremdlich) 1. ungewohnt 2. schmerzlich
Ahnlfettn	Altersspeck
aischen	1. nachforschen 2. nachfragen
Alala	(Laller) Stammler
Alfanzerei	(Pflanzerei) 1. Narrheiten 2. Kinderstreiche
allakawalla	(ital. *al cavallo:* hoch zu Ross) auf (allzu) großem Fuß leben
almen	1. jodeln 2. ohne Text singen
alteln	1. ältlich werden 2. Duft gealterter Haut verbreiten (*Der altelt schon.)*
Amasdedl, der	(lat. *ama deum:* liebe Gott) Reliquie, die in Anhängern getragen wird

Amlett (Amulett) kranzgebundener Rückenmarkstrang (Rindshirn)

Ammaxl Amsel

Amorettl kleine Amorstatue

anbrennt geistesschwach (heute i. S. v. von „angrennt“)

anführen betrügen, hintergehen

angeigen (Gspr.) mit dem Messer (wie mit einem Geigenbogen) stechen

angratig 1. vorwitzig
2. ungestüm
3. leidenschaftlich

annigeln (annägeln) bis in die Fingerspitzen frieren

ankanten anzünden (Pfeife, Zigarre)

Anken Butter

anpappen 1. schwärzen
2. verleumden

anpfurren jem. anfahren (wie die Katze den Hund anfaucht)

Anpumperer jem., der überall wegen seiner Schwerfälligkeit anstößt

Anreim bläulicher Reif an Pflaumen, Ringlotten

anschlagen anzapfen (Bier)

anschnoferln 1. etwas aus der Nähe betrachten
2. neugierig ansehen

ansingen jem. zudringlich um etwas bitten

Antoniklösterl (scherzh.) Zuchthaus in der Leopoldstadt

Antoniusfeuer

Pilzvergiftung;
trat im Mittelalter als Folge des Verzehrs von Roggen- und Weizenmehl auf, das verunreinigt war.
Symptomatik: massive Verengung der Blutgefäße (Herz, Nieren, Gliedmaßen), Absterben von Fingern und Zehen. Seit dem 19. Jahrhundert war *Antonifeuer* ein Synonym für Gürtelrose.

Aprülerl, das kleines Schneekügelchen, wie es im April bei Schneeschauern auftritt

Ara(u)nl 1. glückbringender Hausgeist
2. Talisman

Arbeitertram Wiener Straßenbahn, die bis ca. 1960 Schaffner, Fahrer und Gleisarbeiter zu ihren Arbeitsstellen brachte

Arbeitsgeist	(scherzh.) Serviette
Ärmelleiberl	Weste mit Ärmeln
Arschkitzel, die	Hagebutten
Arschloch, nummeriertes	(scherzh.) Polizeisoldat, der nummerierte Patronentasche tief am Rücken hängend trug
artlig	1. sonderbar, seltsam 2. ungewöhnlich *ein artliger Mensc*h
aschnazeln	abschmatzen, abküssen
Aspolter, die	Esche
Atlaspfingsttag	(*Atlas:* Erlass) Gründonnerstag
Audienz-schwester	alte Jungfer
Auf	Nachteule, Uhu
aufdamen	bezahlen
Aufgwärmter	Rausch nach kurzer Ernüchterung, wobei Restalkohol schon bei kleinerer Dosis zu neuerlicher Betrunkenheit führt
aufknödelt sein	viel Geld haben

aufmarig	offenkundig, offenbar
aufschnofeln	mit der Nase hörbar Luft aufziehen
Aufschreiberin	Sitzkassierin im Kaffeehaus
Aufwärter	Kellner
Augelbeere	Heidelbeere
Augentrost	1. Heilpflanze 2. sympathischer Mensch
Aukranl	Zaunkönig
ausbadern	1. sich auskurieren 2. auskundschaften 3. etwas zu einem Ende bringen
ausbowad	(frz. *pauvre:* arm) verarmt
ausfilzen	1. Haar auskämmen 2. ausschelten
ausgeigen	hinausjagen
aushabern	gut füttern (*ausghaberts Pferd*)
ausläuten	zu Ehren eines Toten läuten
auslernen	1. etwas zur Fertigkeit bringen 2. etwas wieder vergessen
auslinsen	ausforschen

auspfnausen (wieder) zu Atem kommen

auspofeln, sich 1. sich von Überflüssigem, Wertlosem befreien
2. etwas vereinbaren

aussafilutieren herausschwindeln

aussapaschen Sänger oder Schauspieler nach gelungener Darbietung durch Beifall vor den Vorhang rufen

aussaschwaben gewaschene Wäsche erneut durchs Wasser ziehen

ausschauen erwählen, auswählen

Außenpracker Fußballer, der als linker oder rechter Verteidiger spielt

aussingen 1. die Singstimme verlieren
2. zugrunde gehen

ausspürzen ausspucken (heute noch bekannt: *Spirz:* Spucke)

ausstucken Wäsche oder Kleider ausbessern

austragen 1. zur Bedingung machen
2. unter die Leute bringen

Austriahotel

Polizeidirektion
Das anlässlich der Weltausstellung 1873 errichtete *Hotel Austria* am Schottenring 11 und ein Grundstück in der Nähe wurden vom Staat erworben, um dort Abteilungen der Polizeidirektion, das Polizeigefängnis sowie eine Kaserne für die k. k. Sicherheitswache errichten zu können.

Auswärts Frühling

auszahnen 1. jem. verspotten
2. mit Grimassen verhöhnen

auszausen ausschelten

auszurken Enden eines Kleides aufnähen

B

Babutschn, die (tschech. *papuče:* Patschen; ursprünglich aus dem Türkischen) Stoff-Pantoffel

Bacherei Zuckergebäck

Bachstelzn sehr hagerer Mensch

Badeni, der Gspritzter (mit Sodawasser gespritzter Wein), temporär übliche Scherzbezeichnung: 1897 nach der Entlassung des Ministerpräsidenten Graf Badeni, der wegen seiner tschechenfreundlichen Sprachverordnung „gespritzt“ (entfernt) wurde

Badergsell (Badergeselle) Kurpfuscher

Badschi, der (ungar. *bácsi:* Onkel, Familienfreund) älterer Verwandter oder Freund einer Familie, hauptsächlich in Familien mit ungar. Einschlag

Bafnudsi

Person, deren Gesichtszüge sich bei plötzlichem Erstaunen oder Erschrecken verzerren

Er hat dreingschaut wia da Bafnudsi. – Er hat ein Gesicht gemacht wie der Bafnudsi.
Unter Einfluss von „baff“ (erstaunt) zurückgehend auf den Namen des hl. Bischofs Paphnutius (gest. 360).

Bagantsch (ungar. *bakancs:* Schnürschuh) Sommerschuh

Bagauna (*Bakonyer*) ungarisches Mastschwein

Bajonettvisite scherzh.: Schwanzparade; in der Kasernensprache scherzweise die ärztliche Untersuchung der Mannschaft

bakeln (Pakete legen)
1. beim Kartenspiel falsch spielen
2. Ohrfeigen geben

Baklmaster Falschspieler

balbieren
1. betrügen
2. schlagen, prügeln
3. rasieren

Bamerl machen	*Mach a Bamerl!:* Aufforderung an ein Kleinkind, aufrecht zu stehen
Banda	1. Gesellschaft 2. Künstlertruppe 3. Straßenräuber
Bandlsalat	Wirrwarr bei Tonbandgeräten oder Kassettenrekordern, wenn sich die Bänder verwickelten
Banlstierer	Knochensammler, Strotter siehe *strotten*
banschradi	1. unbeholfen (in Gang und Haltung) 2. unzuverlässig 3. verworren 4. unvorhersehbar (*Der Fall von der Rechtssache is banschradi.*)
bar	nackt
Bär	1. Eber 2. kleines Netz an einer Stange
Barchent-janker	kurze schwarz-grün oder schwarz-rot karierte Joppe der Weinhauer

Barn, der
1. Krippe
2. leerer Raum in der Scheune

barzen
1. drängen, zusammenpressen
2. den Atem anhalten
3. affektierte Gebärden machen

baschinkat
(tirol.) O-beinig

baslertan
(frz. *pour passer le temps:* um die Zeit zu verbringen)
1. gemächlich
2. *per baslertan* – zum Zeitvertreib

Bataken
(ital. *patata*) Erdapfel

Bauchbindn, die
1. wollene Leibbinde
2. breite, golddurchwirkte Offiziersschärpe
3. Papiermanschette feiner Zigarren

Bauchweh-damerl
1. Mensch, der oft an Bauchweh leidet
2. leicht (zu) erschreckendes Wesen

Baumwoll-leutnant
Gefreiter (trägt Stern aus Wolle)

Baunzen schlimme Kinder

Baz, der 1. Eingeweide
2. Körperinhalt von Kleintieren
3. Eiter
an in Baz ausnehma – jem. brutal verarmen lassen

Baz, die 1. (mhd. *beize:* beissende Flüssigkeit) Beize
2. *an in da Baz ham* – jem. tüchtig hernehmen

Baz(e)n 1. Schlafhaube
2. Mütze

Beega (tirol.) einrädrige Schubkarre (fast komplett aus Holz: das Rad, die Griffe für den Träger, die Auflagefläche)

Beamten-forelle Knackwurst

bedienen 1. betrügen
2. koitieren

Beidlwanzen Sackratten, Filzläuse

beinander sein 1. gesund
2. einigermaßen verwirrt
Der is beinanda. – Er ist wohl nicht ganz dicht.

Beinfraß	Knochentuberkulose
Beinfraß-institut	(Gspr.) Strafanstalt
Beisch	Zweigwerk eines gefällten Baumes (Weinviertel)
Beischltelefon	Stethoskop
Beißerisch	das bissige Wienerisch
beiten	(ab)warten
Belderer	Fuchs
belfern	zanken, streiten
beluchsen	1. betrügen 2. übervorteilen
Benzerei	Streit
Bergwerk	rote (bisweilen violette) Trinkernase
Bernk	roher, grober Mensch
Beschlacht, das	Beschläge
Beschlacht, die	Wehr, Damm

beseln	1. emsig hin und her trippeln 2. geschäftig sein
Bettfrau	Vermieterin von Betten (*bei der grünen Bettfrau wohnen* – auf einer Wiese übernachten)
bettltutti	zugrunde gegangen, ruiniert
Bettschar	(Bettschere) Holzgestell, um das Herausfallen aus dem Gitterbett zu verhindern
Beutel-schneider	schlauer Betrüger
Bichl	Hügel
Bierfassel	großer Bauch
Bierversilberer	Brauhauskassier
biglem	1. schwer zu bekommen 2. teuer
Billardsieder	Cafetier
billen	laut weinen, wehklagen
Bis	Gebiss *I werd ihm a Bis anlegn.* – Ich werde ihn folgsam machen.

Bittern	grober Missmut, Frustration
bizekabeberln	(scherzh.) Phantasiewort für „du kannst mich …"
Bizzikl	(engl. *bicycle*) Fahrrad
blabeln	täuschen
Blaberl, das	Blaumeise
Blänger, der	heißes Verlangen
blamischen	(frz. *blâmer*) bloßstellen
Blaschke, Frau	Typus der Geschwätzigkeit *Erzähln S' des der Frau Blaschke!*
Blass(l), der	1. weißer Fleck auf der Stirn (Hund, Pferd, Ente) 2. das so gezeichnete Tier selbst
blatteln	(mhd. *blât:* Aas) faulen (Fisch, Fleisch)
Blauschmiedl	geschwätzige Person
Blech	Geld
bletzen	hauen, verwunden

Blia

(frz. *plié,* Landsknecht)
Bank beim Stoßspielen, ein Kartenspiel, das mit 32 Blatt doppeldeutscher oder französischer Karten gespielt wird, ein im Wiener Rotlichtmilieu früher sehr populäres verbotenes Glücksspiel.

Ein Spieler, („*Bankerer*“) hält die *Blia,* beliebig viele Spieler, die „*Galerie*“ (Wiener Unterwelt), setzt gegen ihn. Es werden jeweils zwei Karten aufgedeckt, sollten die gleich sein, z. B. zwei Könige, dann gewinnt nicht der, der auf König gesetzt hat, sondern der Einsatz geht an die Bank *in die Blia.* Der Bankvorteil beträgt 6,56 %. Ein Spieler („*Schneiderer*“) „*schneidet*“ (mischt) die Karten und schichtet sie zu einem Stapel.

Der Spieler, der den höchsten Einsatz tätigt („*Guckerer*“), nimmt die unterste Karte des Stoßes (die „*Guck*“), zeigt sie den übrigen Spielern und schneidet sie in den Stapel hinein.

An dieser Stelle wird abgehoben: Die darüber liegenden Karten kommen nach unten, die *Guck* wird nicht mehr benutzt. Nun zieht der Bankerer nacheinander jeweils zwei Karten ab. Die erste Karte eines Abzugs heißt „*Schuss*“ (auch: „*Stuss*“), die zweite ist der „*Einwender*“.

Hat ein Spieler gewonnen, so hat er *„einen Schnitt gemacht"*. Nach 14 Abzügen bleiben noch drei Karten (*„Stock"*) übrig, die nicht mehr verwendet werden.

Die Karten werden gemischt und eine neue Partie beginnt. Zum Personal einer Stoßpartie gehören weiters der *„Saugerl"* (leiht Spielern zu Wucherzinsen Geld) und der *„Schmierer"* (Aufpasser vor der Polizei).

Als Tableau dienen zwei quadratische Bierdeckel, die an den Ecken bezeichnet sind:

```
A----K   O----U
|    |   |    |
7----8   9---10
```

Anm.: Das Geld is in die Blia heißt es manchmal noch, wenn sich ein Kauf als wertlos herausstellt.

Blimiblami	Ausreden, Ausflüchte
blitzen	zechprellen
blöankatzen	matt hervorschimmern *Die Sunn blöankatzt aus den Wolken.*
blüh(erl)	blendend weiß
blutarm	sehr arm
Bluttäube	Turteltaube
Bockfrettn	schwierig zu bewirtschaftendes Anwesen
Bodeln	quirlig schlagende Bewegung der Fische während der Laichzeit am Uferrand
bodenscheu	1. auf Gegenstände am Boden übermäßig schreckhaft reagieren (Pferd) 2. zu kurzes Beinkleid alias Hochwasserhose (Mensch)
Bodsch, der	(*patschen:* schwerfällig gehen, klatschendes Geräusch verursachen; Synonym für *Lodsch*) 1. schwerfälliger, unbeholfener Mensch 2. (bis zur Dummheit) gutmütiger Mensch *a guada Bodsch* – ein allzu gutmütiger Mensch

bofeln	wimmeln (*Alles bofelt durch die Stadt.*)
bondeln	träge arbeiten
Bönich, der	Bienenschwarm
Bopper	(Fopper) Nuckel
Botschampa	(frz. *pot de chambre*) Nachttopf
Botznlüppi	einfältiger, dummer Mensch (Zusammensetzung aus *Batzen* (Klumpen) und *Lüppi* (Kurzform von Philipp)
bradgoschert	mit sehr großem Mund ausgestattet
Bratling, der	Mauerkröte
brav	1. (engl. *brave*) stark 2. viel (*Er hat brav Geld.*)
brechteln	streiten, zanken
bredlrutschen	(Bredl, Brett) sterben
Brennabi	(Runterbrenner) ordinärer Schnaps, der den Schlund abwärts brennt
brennäugeln	verstohlen zuzwinkern
Brenner	(mhd. *brëme:* Stechfliege) Bremse

Brinsel	vertrocknetes Augensekret
britscht	1. unzüchtig 2. zügellos
Brod, das	dicke oder unreine Flüssigkeit siehe *Mistbrod*
Bröetgattr	(tirol. *Brotgatter*) Holzgestell, in dessen Fächern (vier bis sechs Reihen übereinander) die *Breätlen* (Ötztaler Brotsorte) aufbewahrt werden
brogitzen	zaudern, eine Angelegenheit nur lasch betreiben (*Er hat so lang herumbrogitzt, bis die Gelegenheit vorbei war.*)
Brotladen	Mund
Bruckknecht	Schlächtergehilfe
Brunzkachl	Pinkeleimer
Brustkern	eine fette Sorte Rindfleisch
Bschores	(jidd.) unerlaubter Gewinn
buamanarrisch	mannstoll, nymphoman
Buchheimer	Homosexueller

Budlhupfer Angestellter einer Gemischtwarenhandlung

Büffler (pej.) Student, der brav auswendig lernt, aber nichts kapiert

Büttling 1. gelbe Pflaume
2. kleiner Fisch

Bug, die 1. Biegung
2. Kniegelenk

Bummerkesse Pauke

Bumpfinger derber Landmensch

Bumrantschn (tirol.) Orange(n)

Burtn (Borte) hoher Schaum im Bierglas

Bussasche (frz. *pousser*) Liebelei; Herzensdame

Butterbrotkoch (grotten)schlechter Koch

Butzmann Popanz

C

Cadé-Ofen Dauerbrandofen (Koks)

Canaille Gesindel
siehe *encanaillieren*

Caprice des dames Blätterteigtaschen

Capua der Geister geflügeltes Wort nach Grillparzers Gedicht „Abschied von Wien“ (1843); er verglich darin Wien als „Hort lässiger Verweichlichung“ mit dem antiken Capua: (*... entnervend weht dein Sommerhauch, du Capua der Geister*)

Capuchon (frz.) Damenmantel mit Kapuze

Carpeau (frz.) junger Karpfen

Carpillon (frz.) ganz junger Karpfen

Catherl Durchfall

Cauli Blumenkohl

Chinasilber	Neusilber (Legierung von Kupfer, Zink und Nickel)
Chrisam-Geld	Patengeschenk Chrisam ist ein wohlriechendes Salböl, wird in Kirchen bei der Spendung verschiedener Sakramente benutzt
Ciment	Bier- oder Weingefäß aus Blech
Copaken	Spitzname der Tschechen (nach ihrer Frage *Co pak?* – Was denn?)
Corsikaner	Gebäck zu Wein
Creditfetzen	(scherzh.) Schleier, weil er züchtig erscheinen lässt
Cremometer, das	Rahmgehaltmesser
crustelieren	(frz. *croustiller:* krusteln) beim Verzehr von Brot trinken
Cyperwein	Wein aus Zypern (feurig, würzig)

D

Daberl	Dummkopf
dacken	locken, anreizen
Dacklfiaß	O-Beine
Dagl	kleine Portion Teig
daham sein	Bescheid wissen
dahaschpeln	stolpern, stürzen
daherknödeln	unverständlich reden
Daikalb	Kalb, das noch an der Kuh trinkt
dak	tüchtig, gesund, *a daka Bursch*
dalintschen	(erlinsen) ertappen, erwischen
Dalles, der	(jidd. *bedallus:* Armut) Geldarmut

Dam (jidd. *tam:* Geschmack, Charme) Schick, Geschmack
Des is dam gmacht! – Das ist geschickt gemacht!

damaln (mhd. *toumen:* dünsten, qualmen) muffeln, modrig riechen

Damareangl (bgld.) primitiver Kerl

Dampfgselchter (scherzh.) Eisenbahner, weil er ständig dem Rauch der Dampflokomotive ausgesetzt war

Danderlan(tsch) fauler Mensch

Danter Spielzeug

dargeln wankenden Schrittes gehen

Dariwudl Wirrkopf

darmdürr unterernährt, hungrig

darren 1. dörren
2. donnern

daschossen (erschossen) erledigt, geliefert

Dauber, der kleines Fischernetz

Dauerbutter aus pasteurisiertem Rahm geknetete Butter

Daunderlaun langsamer, zögerlicher Mensch

Daupschedl Tölpel

Dazel, die Manschetten

decken seinen Lebensunterhalt sichern (*I bin deckt.*)

dellen übel riechen

Delkl Dunst, Dampf

Demian (frz. *damejeanne:* Ballonflasche) große korbumflochtene Flasche

Denderling 1. Geifer
2. Speichel

Denl Damhirsch

derkommen erschrecken

derkreuzigen 1. sich über die Maßen verwundern, höchst erstaunt sein
2. sich gedanklich quälen

derspechteln erspähen

Desparation (ital. *disperazione*) Verzweiflung

Desta (ital. *testa*) Kopf

Diadatz (kroat. *tetaz:* Onkel) im Burgenland scherzh. für Kroate

dichten nachsinnen, grübeln

Dienerl eitler, doch unfähiger Arzt
Der Doktor Dienerl, der die Maikäfer in der Luft klistiert.

difti(g) emsig, arbeitsam

Dimpfl kleiner Sumpf

dipfeln sich mit Kleinigkeiten wie dem Setzen von Punkten abgeben

dippeln eine Liebschaft anzuknüpfen versuchen
Anm.: Ob die uns bekanntere Bedeutung (trinken) damit etwas zu tun haben mag?

Dippl Kreuzer

dischpatieren (disputieren) streiten

Disidomine Fluchwort (Verballhornung von *Laus tibi domine* – Gelobt seist du, Herr)

Dodsch 1. schwerfälliger Mensch (Syn. siehe *Bodsch*)
2. Tölpel
3. Vogelscheuche
4. (Gspr.) Streit, Auseinandersetzung

Dodschal 1. Kleinkind
2. kleines Gebäck (siehe *Tatschkerl*)
etym.: *Tatsch,* lautmalend für Schlag, Zusammengedrücktes

Döhn 1. Klopfer
2. Pecker
3. Klepscher
4. Huscher
5. Klamsch
6. Dachschaden

Dolle, der Furche, Ackergraben

Dolle, die Quaste, Büschel

dölstern schrumpfig, teigig werden

dömen feucht sein durch Ausdünstung

Donaufetzen, von der Höll ausgschwappter Schimpfwort

Doppelnullermehl feinste Mehlsorte (trug das Etikett „00“)

dorgeln 1. schwanken (wie ein Betrunkener)
2. unsicher auftreten

Drad (mhd. *getregede*) Getreide

Dragatsch (tschech. *trakač*) Schubkarren

Drahnl, die (*drahn:* drehen) Kreisel

Dram Balken

draschtig kotig, schmutzig

dratzen 1. necken, reizen
2. quälen

dreanschen 1. den Mund schief verziehen, Missstimmung zeigen

Dreckantn (*Antn:* Ente) unordentliches weibliches Wesen

Dreckerl etwas sehr Kleines

drenzen eine Rede lang hinausziehen

Drittln	Teile eines Ochsengespanns
Dschurimuri	junger, leichtsinniger Mensch
ducherzen	duzen
Duckerl	kleine Waldente
dullen	ohrfeigen
dulmig	1. trüb 2. umwölkt
Dult	1. Jahrmarkt 2. Messe
Dunga	(tunken) Nickerchen

Düpel	Narr
Durchlauf	1. Durchfall 2. Ruhr
Durchsichtiger	klarer Schnaps
Durn	(Pl. Dürndln) Dorn
Dürrkräutler	Verkäufer medizinischer Heilkräuter
dus	1. leise 2. still
duseln	1. schlummern 2. taumeln 3. schwindlig sein
Düßlar	(vbg.) 1. hinterlistiges Wesen 2. nebliger Tag
Dutter	junger, unreifer Kerl
dutti	1. kleinlaut, schüchtern 2. ruhig, zahm (Tiere)
Duttlkutschen	(Duttl: weibliche Brust) Büstenhalter

E

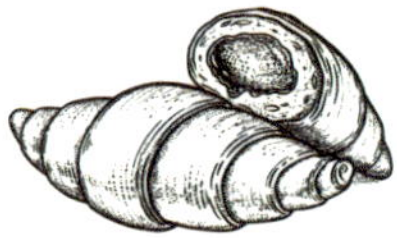

ebba 1. jemand
2. etwa

ebbas etwas
Hat dir ebba ebba ebbas getan? – Hat dir etwa jemand etwas getan?

Eb(en), das Mutterschaf

Eck Mundwinkel

Eckhaus 1. Voluminöses, Gigantisches
2. Vollrausch

Eckstan (Eckstein) scherzh. für Gefreiten, weil er nur einen Stern trug; *Wann da Hund med da Wuascht iwarn Eckstan springt …* – Wenn der Hund mit der Wurst über den Eckstein springt … (Scherzlied nach der Melodie des Radetzkymarsches)

Edelknaben	Beiname der Soldaten des Wiener Hausregiments „Hoch-und Deutschmeister“
Edwartl	Eduard
Egart, die	Früchtefeld
Egsami	(Examen) Brautlehre
Ehalt	Dienstbote
Eichkirntl	Hirschkäfer
Eiderdaunen	Bettfedern
Eidl	Kuss eines kleinen Kindes

Eierschaumbusserl

aus Eierschaum und Zucker hergestellte Hohlkugel (Windmasse), die mit Schlagobers oder Gefrorenem gefüllt wird

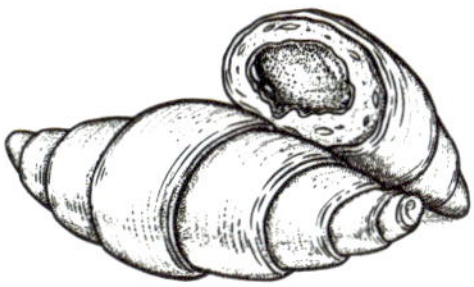

eigeln	(äugeln) schauen

einaschmecken 1. hereinschmecken, hereinriechen, hereinschauen
2. jem. kurz besuchen
3. Einblick in eine Angelegenheit nehmen

einballieren (frz. *emballage:* Verpackung) geschäftsmäßig verpacken, in Ballen verpacken

einbankettieren mit Gewalt hineinstopfen (etwas in eine Schublade)

Einbäumel 1. Kahn
2. Gondel

einbenzen 1. nötigen
2. zum Konsumieren nötigen

einbinden 1. Taufgeschenk machen, (das Taufgeschenk in das Taufkissen einbinden)
2. eindringlich ermahnen, nichts zu vergessen

eindechteln 1. Gegenstand so nass machen, bis er durch und durch feucht ist
2. Gegenstand bepissen

eindippeln (Gspr.) einbrechen

Einefetzer	Angeber
einepfrengen	(mhd. *pfrengen:* drängen, drücken) hineinzwängen
einepofeln	sich hineindrängen
eineschustern	(hineinschustern) in etwas Geld investieren
einezucken	innerlich berühren
Eingard, die	einsame Gegend
eingviertelt	(Gspr.) von vielen Vierteln Wein betrunken
einlaut	1. still (*kleinlaut*) 2. bestürzt 3. traurig
einpfeffern	jem. Hindernisse in den Weg legen
einsalzen	siehe *einpfeffern*
einschädeln	mit dem Kopf anstoßen
einschwabeln	jem. auf listige Weise überreden
eintegeln	sich einschmeicheln
einwerkeln	sich einüben
Einschank	Ausschank (*tempora mutantur*), Theke, Tresen, Budl

Eipeldau Leopoldau (Teil des 21. Wiener Gemeindebezirks Floridsdorf)

Eisenbahner Trick, um beim Fußball den Gegner auszuspielen

Eiserne, die Wiener Straßenbahn

eissen 1. verabscheuen
2. fürchten

Elfer lange Beine

Elln (Elle) Tracht Prügel

Ellntreiter Schneider

Emse Ameise

encanailllieren (frz. *canaille:* Schurke, ital. *canaglia:* Hundemeute) sich mit Personen aus einer tieferen sozialen Schicht abgeben

ent(ern) drüben

enz 1. groß
2. ungeheuer

Erbsienhaus Armenversorgungshaus im 3. Wiener Gemeindebezirk (wo die schmale Kost allzu oft aus Erbsen besteht)

Erbsn (Erbse) kleines Geschwür auf der Nase

Erdäpfelkistn (scherzh.) Klavier

Erdmandel Erdnuss

Erzscheißerl jüngster Spross in größerer Familie

Eselswut extreme Wut

Euerl (Kindersprache) Kuss

extratulli besonders fein

extrig außergewöhnlich (*extraordinär*), merkwürdig

F

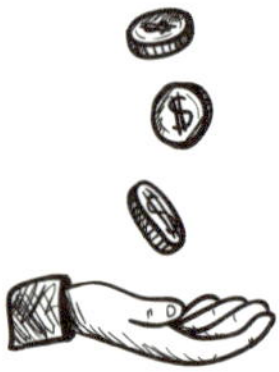

Faam	(engl. *foam*) Schaum (Obers, Bier, Suppe)
fabeln	schwätzen, plaudern
faboschn	1. Schmuggelgut verhehlen 2. Geld durchbringen
facheln	lasterhaft sein
Fackla	(Fackler) 1. Aufschneider 2. Betrüger
fadeixlt	(Deixl, Teufel) verflucht
fadranschn	(verdranschen) 1. versplittern 2. zwecklos verbrauchen 3. vertrödeln (Zeit)

fagansaln	(verganserln) verpetzen (bes. Kinder in der Schule)
fagnusn	(mhd. *knüsen:* schlagen) 1. verbeißen 2. verwinden
fagogeln	(mhd. *gogelen:* sich ausgelassen benehmen) 1. sich vertun, etwas nicht richtig zustande bringen 2. sich versprechen
Fahnenstange	große Frau
Fahrn	Krallen des Adlers
Fahrtel	eine Fuhr (z.B. Heu)
Faisch	Blut, das von verwundetem oder getötetem Wild fließt
fakieren	ohne Beschäftigung herumirren
faleppan	(verläppern) unbedacht verausgaben (Geld)
Falit	(ital. *fallire:* Bankrott machen) Pleite, Konkurs
Falm	heller Fleck oder Streifen, den viele Hunde und Pferde an der Stirn haben

Faltel	Dummkopf
Famnudl	Schaumrolle
farbeln	1. sich schminken 2. anstreichen (Wand) 3. ärgern (*Des farbelt mi.*)
fatieren	1. angeben, bekennen 2. Steuererklärung abgeben
Fasanaugen	rote Augen
faschamarian	(verscharmarieren) sich verlieben
faunzen	zerraufen, zerrupfen (Haare)
faziarat	(vazierend) 1. arbeitslos 2. ohne festen Wohnsitz
Fechsung	Ernte
federn	mahnen

Federnschleissen

den weichen Teil der Gänse- oder Entenfeder vom Kiel trennen, unterschieden wurde zwischen

1. Daunen, die schon beim Rupfen der Gänse gesondert behandelt und aufbewahrt wurden für ein Daunenbett für Babys und Kleinkinder

2. Gänsefedern, die vor allem für Tuchenten geschlissen wurden

3. Entenfedern, die vor allem für die Kopfpolster verwendet wurden.

Die Frauen trafen sich in der Stube eines Bauernhauses, wo die Bäuerin die Federn auf einem großen Tisch vorbereitet hatten.
Alle Fenster mussten geschlossen sein, die eintretenden Frauen die Türe behutsam aufschließen. Jeder Luftzug könnte die Federn in der Stube verteilen.
Keine Person durfte eine heftige Bewegung machen, noch viel schlimmer war das Husten oder Schnäuzen.
Burschen trieben Streiche und öffneten kurz die Stubentür.

federstill	windstill
federt	1. schmächtig 2. kraftlos
feinschmallern	(Gspr.) Hochdeutsch reden
Femerl	Eierstock (Tiere)
Fensterladen	Augen
fenzen	ausspotten
fergeln	1. mit einem schlechten Messer etwas schneiden 2. penetrant um etwas bitten
Ferms	Zigarette (nach der Marke „la Ferme")
fert	1. volljährig 2. verjährt
Fert	voriges Jahr
Fettn	1. Rausch 2. einer Kugel, einem Ball (Billard, Fußball) durch seitliches Anschneiden verliehener Drall

Feuermauer steifer Stehkragen

Feuerteich Löschteich (Teich nahe beim Dorf, der Wasser zum Feuerlöschen liefert, früher auch zum Schwimmen oder als Enten- und Gänseteich genutzt)

feuretzen funkeln, flimmern, flackern

Fex 1. Hexe
2. Idiot
Fürsterzbischof Colloredo nannte Mozart *Lump, Lausbub und Fex*, als er ihm kündigte
Anm.: „Fex" ist heute jem., der von etwas begeistert ist. (Bergfex)

Fiaeigla (scherzh. Vieräugler) Brillenträger

Filukerl (frz. *filou*) Gauner, Betrüger

Filz 1. Geizhals
2. Streit, Hader

fingerln	mit den Fingerspitzen den Intimbereich berühren siehe *Stippvisite*
Fingerschuster	Handschuhmacher
Fischperl, das	zarte Frau, Ableitung von *fischpeln* (s. u.)
fischpeln	wispeln
f(e)isten	Bauchwinde lassen
Flamboh, der	(frz. *flambeau:* Fackel) Fackel, Licht (*Jetzt geht eam a Flamboh auf.* – Jetzt geht ihm ein Licht auf, jetzt versteht er die Situation.)
flanschen	abnützen (Kleid)
Flatscher	Mann mit großen Ohren
Flatusen	(frz., engl. *flatter*) Schmeicheleien
Flauderloch	Öffnung im Bienenstock
Flausenmacher	1. Scherzbold 2. Lügner

Flaxn Mokka plus Weinbrand

Fleanschn, die (mhd. *vlans:* Maul) spöttisch oder weinerlich verzogener Mund (Kinder, die gleich zu weinen beginnen)

Fleck 1. Speise
2. abgerissenes Stück

Flecken, die Masern

Fledermaus gerichtliche Vorladung

Fleischmann Scharfrichter

Fliegenschütz 1. Landkutscher
2. Donaufloß

Flohbeidl unverlässlicher Mensch

flohnen 1. weichen
2. nachgeben

Flörl

abgekürzt *fl*, abgeleitet von florenus,
Florin (Florentiner Goldmünze) Papiergulden
Als Silberwährung wird der Gulden
in Österreich 1845 eingeführt;
1 Gulden = 60 Kreuzer, ab 1857: 1 Gulden = 100 Kreuzer.

Seit 1892 Goldwährung (Krone). Der Gulden wurde
in 2 Kronen umgewechselt, jedoch nicht gleich aus dem
Verkehr gezogen.
Goldmünzen wurden ab 1852 (Dukaten und
Vierfach-Dukaten) geprägt, Nachprägungen (mit
Jahreszahlprägung 1892 für 4 Gulden und 8 Gulden,
1915 für Dukaten) bis in die Gegenwart
siehe *Stan*

fludern	Ausschweifungen nachgehen
Foamnudel	Schaumrolle
Fock	kastrierter Eber

Fragenkas Neugierdsnase

Fragner Greißler

Fraisen (mhd. *vreise*) Angst, Wut, Schrecken
Einst Überbegriff für alle
Kinderkrankheiten mit Krämpfen
siehe *Gagerlfrasen*

Frashaube geweihte Haube, die an Fraisen leidenden Kindern aufgesetzt wird

fregeln 1. erbitten
2. erzwingen

Freigwand Kleider, die der Meister seinem Lehrling nach Beendigung der Lehrzeit schenkt

Fremd, die Ausland

Fretter schlechter Arbeiter

Friedhofs-spargel Virginiazigarre

Fritzelack

Vorwärtssturz (Stern) beim Schifahren: Die Skier werden vorn auseinandergerissen, man fliegt nach vorne auf das Gesicht. Der Ausdruck kam von der Werbung der österreichischen Lacke-Firma Fritze und dem Logo der Firma: Das Plakat mit dem gestürzten Knaben des österreichischen Grafikers Adolf Karpellus entstand um 1900 und war so bekannt, dass es sich als Redewendung *Der hat den Fritzelack gemacht* einbürgerte.

Fuchs-schwanzer	Schmeichler
Funserl	(etym. Funke) 1. Lichtquelle, die aufgrund ihrer geringen Größe oder Qualität wenig Licht spendet (Kerze, Öllampe) 2. sehr kleine Menge
fürplatzig	vorlaut
futtern	heftig fluchen
Futtiwetter	schlechtes Wetter
Füxl	Dukaten

G

Gablitz *Hast in Gablitz studiert? Du Dummkopf!* (Die kleine Ortschaft bei Purkersdorf hat keine Hochschule.)

Gagerlfrasen Angstzustand

Gagezen Geschrei der Henne

gaglbamern 1. verschroben
2. wankend (Brücke)

Gagler einer, der vorgibt, mehr zu wissen, als er weiß

Galgenstrick 1. schlauer Mensch
2. Schlitzohr

Galoschen Überschuhe aus Gummi, die bei Regen über die Straßenschuhe gezogen werden

Ganauser Gänserich

Gangerl Wolfgang

Gankerl Teufel

garazen	kratzen
ganserlgelb	(gelb wie der Schnabel der Gänse) kränklich aussehen
Gatscherl	(tschech. *kače,* ungar. *kacsa*) Ente
Gawlet	(ital. *cavaletto:* kleines Pferd, Gestell) einfaches Soldatenbett
gedagen	(ver)schweigen
Gedanken	Kleinigkeit, ein Spur *Könnten Sie einen Gedanken weiter rücken?* *Er hat keinen Gedanken von einer Idee.* – Es fällt ihm überhaupt nichts ein.
Geficket	(fegen) 1. Auskehrung 2. Ejakulation
Gefreret	Frostbeule
Gehkorb	Gehschule
Geister, fesche	Menschen, die sich beim Heurigen treffen
geleinen	schmelzen
Gelsn	unfruchtbares Schwein

Gerhab (mhd. *gêrhabe*) Vormund

germerln nach Hefe riechend und schmeckend

Geschell Pferdegebiss

Gezwozl, das Gehen mit kleinen Schritten

Gfrerdibl Frostbeule

Gfrieserl schönes, liebliches Gesicht

Ghörtsich (gehört sich) Ordnung

Giges-Gages leeres Geschwätz

Glacé-Strizzi vermögender junger Nichtstuer

Glaß Aspik

Gludern untrinkbar trübes Getränk

Gmacht Genitalien

Gnaukerl, das kleines, niedliches, einnehmendes Wesen (Mensch, Tier)

goggstille (tirol.) mucksmäuschenstill

Goldgraber Kanalräumer

Grantle

(tirol., Ötztal) Metallbehälter zum Erwärmen von Wasser. In anderen Regionen nennt man ihn „Wasserschiff". Alte Küchenherde, mit Holz oder Kohle befeuert, enthielten einen wassergefüllten Blechbehälter. Wer den Herd einheizte, hatte somit gleichzeitig warmes Wasser.

gratn	entbehren *I kann des gratn.* – Auf das kann ich verzichten.
grüne Witwe	einsame Ehefrau, die tagsüber, wenn ihr Mann in der Arbeit war, an das Haus gebunden war und kaum soziale Kontakte hatte, siehe *kühne Witwe*
Grüner Heinrich	Polizeiauto
gscherter Hansl	der Tod
gschlacht	schlank, schmächtig (noch im Sprachgebrauch ist *ungeschlacht:* mit unförmigem Körperbau versehen)

Gschnattl	(Zusammengschnittenes) Beuschel
gschreams	schräg
gspandelt	1. gespreizt (Benehmen, Gang) 2. mit Stecknadeln befestigt
Gspusi machen	den Hof machen
Gstell	Wuchs
gstatzt	steif, abgehoben
Gsträuß	Reisig
Guvernal	Lenkrad
gwandt	1. sympathisch, freundlich 2. nützlich
gwassert	1. gerieben, gerissen 2. geprügelt 3. getauft
gweissingt	(hochweiss) vermögend, wohlhabend

H

Habitué	(frz.) Stammgast
Hack	Spreu
Hacklputz	Überreste, was beim Fleischhacker am Hackl (Haken) bleibt
Haderlaus	Gewandlaus
Hadersuppe	Eintropfsuppe
Hadirl	Tölpel
haftig	(heftig) streitsüchtig
Hahnkrallerl	1. Gesichtsfalten 2. Krähenfüße
Hahnreiter	Mensch mit Säbelbeinen
hal	(mhd. *haele:* glatt) schlüpfrig
Halfter, die	1. Zaun 2. Hosenträger
Hamichel	junger Tannen- oder Fichtenbaum
hamlich	(heimlich) zahm (Tiere)

Handgurken Walkie-Talkie (Funkgerät)

Hangerlritter Kellner

Hansl am Weg

Zichorie (auch Wegwarte genannt) wächst auf Äckern und an Wegrändern. Zichorie wurde zur Heilpflanze des Jahres 2020 ernannt: Wohltuende Wirkung bei Appetitlosigkeit, Verdauungs- und Magenbeschwerden

Haringer Geflügelhändler

Hauderer Lohnkutscher

Haupt-Adutt (frz. *atout:* Trumpf)
1. höchste Karte im Spiel
2. schlauer Mensch

Hawedere (Habe die Ehre) Grußformel

Hehbam Baum auf Höhe der Heu-Fuhre, vorne und hinten mit Ketten befestigt, damit das Heu zusammengehalten wird

heidipritsch auf und davon

heppeln schaukeln, schwingen

herabpelzen	herabschießen
Herbsterl	Herbsthuhn
Hermberl	Spottname für jem., der nur so tut, als sei ihm etwas unbekannt
Herrgottkraut	Schafgarbe
Herrgottsfisler	Frömmler
herstellen	1. beschimpfen 2. bloßstellen
Heugeign	sehr schlanke Person (*Die is a richtige Heugeign, von der Seitn siachst das goa ned.*)
Hiafla	1. mannshoher Holzpfosten mit Querstreben, auf denen Heu zum Trocknen aufgeschichtet wird 2. Strohkopf (Dummkopf)
Himmelbloam	Regenbogen
Himmeltraktor	(oö.) Hubschrauber
himmletzen	1. wetterleuchten, blitzen 2. schnelle, feurige Blicke senden
Hirngrillerl	seltsamer Mensch

Hoidarin (eine, die hält) sinnliche, lebenszugewandte Frau

Hosenlotterer übermütiger Bub

Hotifalotti (Hautevolee) Gaunerbande

Hotto-Dramwei (Tramway) scherzh. für Pferdestraßenbahn

Hudriwudri

1. Hast, Eile
2. unruhiger, nervöser, unkonzentrierter Mensch
3. Casablanca (Zigarettenmarke)

rauchende Leitfigur „Hudriwudri“, gezeichnet von Manfred Deix, was ihr volkstümlichen Kultstatus verlieh. Aus heutiger Sicht beinahe unvorstellbar, dass bis in die 2000er-Jahre Aschenbecher in den U-Bahn-Stationen standen. Einige verzierte die rauchende „Hudriwudri“-Figur.

Hugerl Uhu

Huscher 1. kurze Zeitspanne
2. geistiger Defekt

I

I bekimm die Lade	(tirol.) Es tut mir leid.
Igelholz	Nadelholz
Ihaha	Pferd, Pferdefleisch, manchmal auch Pferdefleischhauer (Syn.: Pepihacker, Gigara); scherzh. nach dem Laut des Pferdewieherns
infam	1. schändlich 2. ehrlos
Inselt	Talg
Irte	(gebräuchlich im Alpenraum) 1. Gastmahl 2. Zeche
iwahaps	1. grob geschätzt 2. überhaupt 3. in Bausch und Bogen

J

Jessas Maria Josephsbahn Die Kaiser-Franz-Josephs-Bahn wurde so genannt, nachdem sich mehrere Unglücksfälle hintereinander ereigneten.

jabeln
1. heulen
2. schreien
3. klagen

Jageln
1. Quaken der Frösche
2. Geschrei, Lärm

jahren alt werden (*Der Hansi jahrt scho gewaltig seit einiger Zeit.*)

Jährling Einjährig-Freiwilliger beim Militär

Jakober Jakobertraube, früh reifende, kleinbeerige blaue Traubensorte, oft um den 25. Juli (Jakobitag) schon essbar

Jammerkasten	verstimmtes Klavier
janlen	1. Getreide schneiden 2. Feldarbeit gemeinschaftlich verrichten
Jass	(Ass), hervorragende Person (Sport)
Jechl, das	(Joch) Spanngeschirr für Zugtiere (Kuh, Ochse), siehe *jochen*
jedrucken	wiederkäuen
jedweder	jeder
Jering	Germ
jetzerheit	gegenwärtig, jetzt
jochen	anspannen (Ochs, Stier)
Joschifänger	Dieb, der es auf Mäntel und Sakkos abgesehen hat
Jung, der	Geselle, Knecht
Jurament	Eidschwur

K

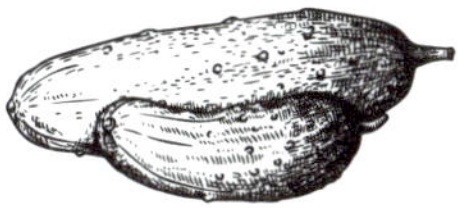

kabig	übermütig
Kachel	1. Nachtopf 2. Schüssel 3. Jedes schlechte, unförmige Geschirr 4. Baumwanze
Kachl	Eimer
Kaleschen	(frz. *calèche*) Kutsche
Kalorifere	Heizkörper
Kamm	*Dir wird leicht der Kamm steigert.* – Du wirst leicht zornig.
kampeln	(kämmen) schelten, forsch zurechtweisen
Kampl	*Da kiefl i liaba an oidn Kampl!* – Da wäre es reizvoller, an alten Kämmen zu kauen!

Kanzleidistel Büroangestellte, die Kunden abweisend behandeln
Kunde: Unglaublich sowas! Wo kann ich eine Beschwerde einreichen? Kanzleidistel: Sie haben zwei Möglichkeiten: Hochamt oder Salzamt!

Kapitolium (lat. *caput:* Haupt)
1. Kopf
2. Gehirn (Studentensprache)

Kappelbua Kappenträger, der in irgendeiner Beziehung auffällt (Couleurstudent)

kappeln kürzer machen, die Spitze weghacken (Küche)

Karafindl

(arab. *ğarrāfah:* bauchige Flasche,
ital. *caraffina:* kleine Karaffe)
1. Gestell für Salz und Pfeffer
2. kleiner Tischständer für Essig und Öl

Kartandl (Karton) Pappendeckelschachtel

kasjung (käsejung)
1. sehr jung
2. Pubertierender noch ohne Bart

Kaspel Schweinefutter

Kasperwackler unentschlossener, von Zweifeln geplagter Mensch

Kastlspritzer Auslagendieb

Kauderer Wucherer

kaudern
1. abnötigen
2. schwätzen, dummes Zeug reden

kaunitzeln minderjährige Mädchen verführen
Aloys Fürst Kaunitz-Rietberg (1777–1848) war ein Diplomat und berüchtigter Wüstling in Wien. Im Kinderballettprozess 1822 (er hatte viele minderjährige Mädchen missbraucht) wurde die Untersuchung mangels rechtlichen Beweises aufgehoben, seine einzige Strafe war die Expatriierung aus Wien. In Brünn behielt er seine alten Gewohnheiten bei. Kaunitz starb 75-jährig in Paris.

Keppelzahn 1. einziger noch stehen gebliebener Vorderzahn
2. zänkische Frau

Keuschheitswimmerl Akne in der Pubertät

kian laut schreien, singen

Kiible treibm (tirol., Kübel treiben) Stampfen der Butter. Man verwendete dazu ein Butterfass (Bottich aus Holz). Darin wurde ein Holzstab auf und nieder gestampft, mit einer Scheibe am unteren Ende. Dadurch hat sich der Rahm zur Butter verfestigt

Klampferer Klempner

Klaudern gepantschtes, trüb gewordenes Getränk

kleber 1. mager
2. schwächlich

Klingelfee Telefonistin

Klumsen Riss, Sprung, Spalte in einer Bretterwand oder Mauer

knäufeln Arbeit langsam und träge verrichten

Knödelreiter Kniestoß gegen das Knie eines Gegners

kopfsiech schwindelig

Koryphäe 1. Experte, Fachgröße
2. erste Solotänzerin im Ballett

Koschanod, der (frz. *cochonade*: Schweinerei) Speisenmischmasch

kralawatschert windschief

Krallern (Korallen) Betperlen am Rosenkranz

Kramperl-beißer(in) vor solch einem Wesen hat selbst der Krampus Angst

Krampn altes Pferd

Kräutl dreinmachen etwas (jem.) vermurksen

Krautwachter 1. jem., der überflüssige Arbeiten (etwa das Bewachen von Krautköpfen) verrichtet
2. Inhaber eines Versorgungspostens
3. Polizist

kremaßig	kränklich
Krinoline	Reifrock (Mode des 19. Jahrhunderts)
Krokodil	Essiggurke

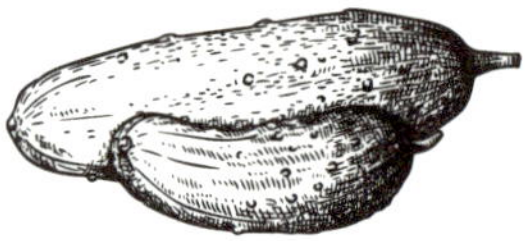

Kuchltrabant	Küchenmagd
Kudlitschka	(tschech. *kudlička:* kleines Messer) Taschenfeitl
kühne Witwe	(scherzh.) nützt die Abwesenheit ihres Gemahls für pikante Herrenbesuche (im Gegensatz zur einsamen grünen Witwe)
Kuhreiter	Hirschkäfer
Kuri	Courage

L

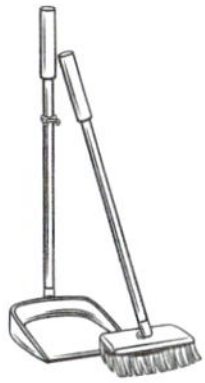

Lackenpatscher	1. Leute, die im starken Regen zu Fuß gehen müssen 2. scherzhaft für Infanterie (entgegen Kavallerie)
Lackfeuer	Rotlauf
lacklhaft	grob, derb (*grober Lackl*)
Ladernymphe	(scherzh.) Wäschermädel
Lahmlackn	Lehmpfütze *Des Bier is a Lahmlackn.* (sehr trüb)
Lahn	Sessellehne
lami	1. lehmig 2. faul
langmächtig	1. lange Zeit dauernd 2. sehr lang
Langwied	Rücken
Lanwind	1. Südwind 2. Föhn

Lapp	Trottel
Larfen	Gesicht
Lassing	(mhd. *langes*) Frühjahr, Frühling
Lasterdarm	ausschweifender Mensch
Läufel	Füße
laulert	lauwarm
Lausquartier	Polizeigefängnis
lautmari	1. publik, offenkundig 2. zum Stadtgespräch geworden
Lazarus	(hebr. *el-hazar:* Gott hat geholfen) kränklicher, zu Verletzungen neigender Mensch
Lazzi	(ital. *lazzo:* possierliches Gehabe) (lächerliches) Getue *Mach kane Lazzi!* – Mach keine dummen Späße!
Ledfeigen	Feigling
Leischer	Strolch, Herumtreiber
Leishahn	Gottesanbeterin, Fangschrecke

Lemoniberg

Du gheast am Lemoniberg! – Du gehörst nach Steinhof (in die Psychiatrie)! Das psychiatrische Krankenhaus wurde nach Plänen von Otto Wagner errichtet und 1907 eröffnet. Die Kuppel der Kirche zum Heiligen Leopold am Steinhof gleicht einer halben Zitrone und wird daher Lemoniberg genannt. Die Kirche gehört zu den schönsten Jugendstilbauten Wiens.

lenieren	1. besänftigen, lindern 2. begatten 3. prügeln
lesseln	Blei gießen (früher in der Christnacht, heute zu Neujahr)
Lettn	1. Schlick, der nach einer Überschwemmung zurückbleibt 2. schweres Gebrechen, Krankheit (*Der hod a Lettn.*)
Liendl	ungeschickter Mensch
linsen	horchen

Lobaugösn-haxn dünne Beine, die an jene einer Mücke in der Lobau gemahnen

löffeln 1. umschmeicheln
2. liebkosen

Loser 1. Ohren des Wildes (Weidmannssprache)
2. Ohren menschlicher Wesen (bis heute auch *Lauscher* genannt)

lüfti 1. flink, hurtig
2. leichtsinnig
3. flatterhaft

Luftspringer lustiger, leichtsinniger Mensch

Lurch-prinzessin Raumpflegerin

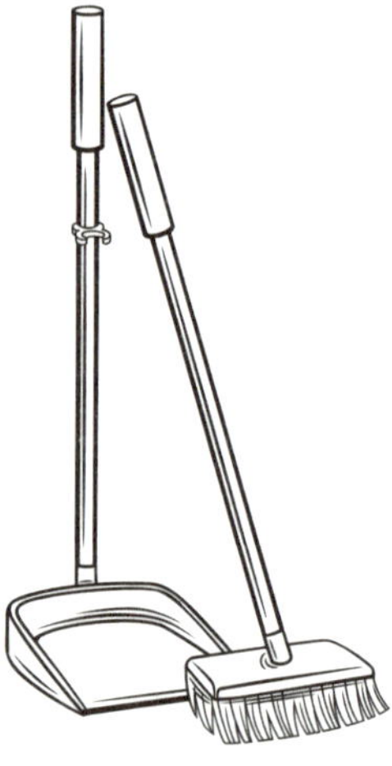

M

Magnetophon Tonbandgerät

maisseln (moussieren)
1. perlen, sprudeln
2. tröpfeln (Regen)

malefiz 1. böse
2. verflucht

mali fleckig

mämeln schnell beißen und kauen (wie Hasen)

Mamlas (ungar. *mámlász:* Tölpel) Feigling

mangeln raufen

Mangerl (ital. *manco*)
1. kleiner Fehler
2. kleines Stückchen

Manöver 1. Umschweife
2. Umstände

manscharen	(frz. *manger*) essen, es sich schmecken lassen
manzen	prügeln, schlagen
Marder	Dieb
marig machen	verraten
Markeur	(frz. *marquer*) 1. im alten Wien von Raimund und Nestroy: Bezeichnung für Zahlkellner 2. Schiedsrichter, Punktezähler beim Billard
markieren	schwindeln
Märzenkalb	Schneeglöckchen
Marzihaserl	(Marzi, März) junger Hase
Mase	(Masern) Narbe
masldick	(hebr./jidd. *masel tov:* Glückwunsch, viel Erfolg!) glücklich
Mausgsichtl	kleines, zartes Gesicht
Matislgalerie	letzte Galerie in einem Theater (billigste Eintrittskarte)

Matsch Spieler, der keinen Stich macht

Matte Wiese

Matz (Gspr.) Hausbesorger

Matzer (ital. *mazza:* Stock) Vorschlaghammer

Matzin (Gspr.) Hausbesorgerin

maukes tot

Mauldrescher Maulheld

maundeln etwas langsam verrichten

Mäus Umstände, Schwierigkeiten
Machen S' mir keine Mäus!

mausig aufgeblasen, wichtigtuerisch

Mausdreckerl 1. Mäusekot
2. etwas Winziges
3. sehr kleine Person

Mausleiter Schafgarbe

Maxlerei 1. Schlingenlegerei
2. Wilddiebstahl

Medium jem., der sich eines anderen Willen unterwirft *Anm.:* interessanter Bedeutungswandel?

megerzen meckern

Mehlring Ehering

Mehlwurm Spottname für Friseur (der Haare einpudert)

Meissel Korb aus Weidenruten

melochnen (jidd. *melocho:* Arbeit) Gspr.: ohne Nachschlüssel öffnen

Memmerl Glöckchen am Hals der Ziegen

menaschiern (frz. *menage:* Haushalt)
1. speisen
2. sich mäßigen
Menaschierns Ihna!

Meringramer Kanalräumer

Met
1. gegorenes Honigwasser
2. übertriebenes Lob (wohl über das Maul geschmiert)

Meterprügel kleine, zwergenhafte männliche Person, kaum über einen Meter hinausragend

Mettn (lat. *matutina:* am Morgen)
1. Mitternachtsmette
2. Betrunkene(r)
3. Lärm, Getöse
4. Tumult

Mier, das Schimmel (auf Brot, Käse)

Minett (frz. *minette:* Mietzekatze, Schätzchen) Cunnilingus

Minna

(Kurzform von Wilhelmine)
1. mechanische, mit Kurbel und Hebeln handbetriebene Küchenmaschine (reiben, raspeln, schneiden)
2. weibliche Person, die in einem privaten Haushalt arbeitet

mischen (aufmischen) jem. die Meinung gründlich ins Gesicht sagen, Standpauke halten

Mischkulanz
1. Gemisch
2. Mischling
3. Holz unterschiedlicher Qualität
4. verworrene Streitangelegenheit

Mistbrod Jauche

mocken
1. trotzig sein
2. Gesicht verzerren

Moder	(Gspr.) Hunger, Esslust
Morastpappel	unflätiger Mensch
mordionisch	ungeheuer (Glück, Rausch)
mostig	1. aufgedunsen 2. fett
Müllikandl	(Milchkanne) weibliches Genital
mudllind	sehr weich
mühlen	prügeln
muckisch	eigensinnig, kapriziös
mummeln	zahnlos kauen
Murkerl	kleine Karotte (Weinviertel)

Murrer (Gspr.)
1. gestohlene Sachen (Fetzenmurrer, Silbermurrer)
2. Skandal an *linken Murrer machen* (einen Skandal provozieren, um bei dieser Gelegenheit zu stehlen)

mursen (Mörser) zerreiben, zermalmen

mussig trotzig

mustern verjagen, vertreiben

1. (über)empfindlich reagieren
2. jem. etwas nach langer Zeit aufs Neue vorwerfen

N

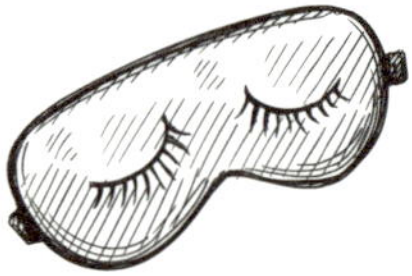

Nablsausen	ungutes Gefühl, Angst
nachschimmeln	(Gspr.) jem. verfolgen
Nachtlamperl	naiver Mensch (nicht sehr hell auf der Platte)
Nachtscherben	Nachttopf
nameln	Schimpfnamen geben
Nana	Kindermädchen
napfatzen	(jidd. *nabezzen*, engl. to *nap*) Nickerchen machen
narretzen	einen Tölpel reizen, „pflanzen“
Nasenstiftl	Nasenstüber
nasern	neugierig sein (die Nase überall hineinstecken)
Naufahrt	Fahrt flussaufwärts
Naunscherln	Backerbsen (Suppeneinlage aus Mehl) wählerischen Essern verspricht man höhnisch *gefüllte Naunscherln* (die nicht herstellbar sind)

Negozi	(lat. *negotium*) 1. Geschäfte 2. Unterhaltung
Negotiant	1. Geldverleiher 2. Wucherer
Neusonntags-kind	Glückskind
Niaschal	kleiner Futtertrog
niederbögeln	jem. zum Schweigen bringen
niederlegen	(Gspr.) Geständnis ablegen
Noagl	(Neige) Getränkerest, nur sichtbar, wenn man das Glas neigt, und der Rest (abgestandenen Biers) auf einer Seite sichtbar wird
Nockerl-aquarium	1. Haushaltsschule 2. Mädchengymnasium
Nostradame	Hellseherin (Berufskollegin von Nostradamus)
nüllen	aushöhlen
Nürschl, das	(Gspr.) Bett
Nütz	(mhd. *nütze:* Ertrag) Ausgedinge

O

Oaschpfeiferl	Pfefferoni
oaten	heiß machen
Obaheh	(Gspr.) (Oberhöhe) Polizeikommissariat
Oberbinkel	(Gspr.) Kellner
Oberkante Unterlippe	völlig besoffen
Oberlandl	Oberösterreich
Oblatski, die	(tschech. *oplácat:* tätscheln) leichte Schläge (auf die Wange) geben *Glei gibts Oblatski!* – Gleich gibt es Klapse!
Oblitzen, die	weich gesottene Rübe
öd	1. nüchtern 2. übel 3. widerlich
oesen	(abäsen) jäten, Unkraut ausreißen

Ofenhöllerl	warmer Platz auf der Ofenbank, der Mauer zugekehrt
Ofenplattn	*Die Knedln san mir auf der Ofenplattn.* – Solche Klöße vertrage ich nicht.
Ohagassn	Sackgasse
Ohrengäller, das	Ohrensausen
Ohrwuzl	Ohrwurm
Öl	ausgehöhlter Stamm, der als Brunnenkorb dient
Oliosuppe	Kraftsuppe
omalekig	naseweis, vorwitzig
Osterfleck	kuchenartiges Gebäck, das Bäcker dem Kunden zu Ostern schenkt

P

parterre	1. elend sein 2. verarmt
Pfeifendeckel	1. dümmliches Wesen 2. Offiziersbursche (siehe *Putzbemstl*)
Pfrilln	(tirol.) kleine Fische (*Pfrilln im Pimpfe* – kleine Fische im Tümpel)
Pillendrechsler	(scherzh.) Apotheker
Pimperlbahn	unbedeutende Bahnlinie
Polsterltanz	Schlusstanz bei Hausbällen mit obligatem Küssen
Pontonar	(frz. *point d´honneur*) Ehrgefühl

puderwinzig sehr, sehr klein (Gegenstände)

pufftrocken staubtrocken (*Die Semmel ist pufftrocken,* beim Brechen *pufft* es)

Pumpanella warme wollene Unterhose, Beinlänge bis zum oder über das Knie

Pumpermette

mitternächtliche Messe in den Tagen der Karwoche. Ein vor dem Hochaltar aufgestellter Leuchter mit 13 Kerzen symbolisierte die Heilige Familie und die Apostel. Nach dem Singen eines Psalms wurden zwei Kerzen gelöscht, die oberste blieb bis zum Ende. Anschließend wurde mit Stöcken und Hämmern gegen Wände und Kirchenbänke geschlagen („gepumpert") und das Getöse durch Ratschen verstärkt. Die Schläge galten Judas. Danach stand ein Gasthausbesuch auf dem Programm. Als dieses Ritual immer öfter eskalierte, wurde der Brauch eingestellt. Bis in die Mitte der 30er-Jahre wurden Pumpermetten in manchen Klosterkirchen zelebriert, jedoch ohne Beteiligung der Gläubigen.

Putzbein 1. Hasenfuß, der zum Reinigen der Stiefel verwendet wurde
2. Offiziersbursche

Putzbemstl (Putzpinsel) Offiziersdiener

Putzfleck siehe *Putzbemstl*

Putzgretl Person, die sich gerne schön kleidet

Q

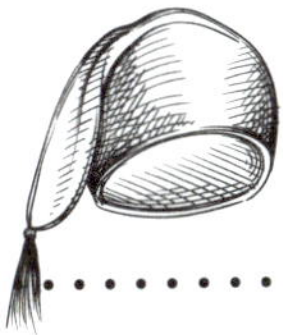

Quäcker	Frack, dessen Schöße sich weiter als üblich nach vorne ausbreiten
quadrillieren	mit einem Gitter oder Karo versehen
Quall	1. Qualm, Dampf, Rauch 2. Schlaf 3. Winterschlaf 4. Betäubung
Quargeltandler	Greißler
quer gehen	nicht(s) gelingen
Quintel	Quäntchen
Quiqui	Gevatter Tod

R

Rabulist (lat. *rabula:* Schreier, Rechtsverdreher)
1. Person, die in rechthaberischer Weise den wahren Sachverhalt verdreht
2. dubioser Jurist

radeln starkes Schnüren des Mieders

Radibua Schimpfwort für einen gut gekleideten, aber sich ordinär benehmenden Kerl

Rak (Arrak) Rum

Rampasch (ungar. *rámpás*) Sturm (noch nicht ausgegorener Wein)

Rams Bärlauch

Ramsamperl 1. junger, leichtsinniger Mensch
2. unruhiges Wesen

Ran (Rein) schmale, mit Gras bewachsene Grenzscheide zwischen Äckern

Ranfd
1. Kruste (Brotrinde)
2. Hutkrempe

ranzen
1. die Glieder dehnen (nach dem Schlaf)
2. faul sein

Ranzen (mhd. *rans*) Wanst

Raptus haben verrückt sein

Rasmurchel äußerst unattraktiver Mensch

rass (ital. *raspare*, arab. *ratza*)
1. herb, scharf
2. ranzig
3. zornig, böse

Rastel

1. Drahtgestell zum Absetzen heißer Gegenstände (Bügeleisen)
2. Messerbank (Tisch)

Ratschkatl	viel redendes Mädchen
Raub	kurze Zeit *Sie war nur auf an Raub bei mir.*
rauberln	*Da rauberlts!* – Betrug liegt in der Luft
Räuderl	kleiner Schorf auf der Haut
Raudigs und Waudigs	Gutes und Schlechtes
raudi-maudi	bunt durcheinander
Raup	Taugenichts
Rawisch	Kerbholz
Redhaus	(Sprechgebäude) Mund
Regad	(frz. *regarder:* ansehen) Achtung, Respekt
regardieren	beachten
Regulator	Pendelwanduhr

Reiberl 1. Zündholz
2. Reibfläche der Zündholzschachtel

Reifler Papierdrachen, der auf einen Reifen gespannt ist

reinrudern (Gspr.) sich versprechen

Reissate, das Rheumatismus

reitern sieben, durchseihen, filtrieren
Wannst es ned glauben willst, kannst dirs reitern. – Glaubst du es nicht, lass es bleiben.

Reitern, die weitmaschiges Sieb

Reschkonto (Riskonto) Lottoschein

Reserln dunkle, rote Flecken auf den Wangen

Restschärfe Lüsternheit betagterer Menschen

Retourgugu Spiegel

rezenter Schilling *Heut kriegst an rezenten Schilling!* – Heute bekommst du was auf den Hintern! (Maria Theresia zum Sängerknaben Josef Haydn, als er in Schönbrunn auf Baugerüsten herumkletterte)

Riasslfetzn	(Rüsselfetzen) Serviette
Ridscher	Gemenge von nicht zusammenpassenden Speisen
Rieselschotter	Flussschotter (rundliche Steinchen)
Rigerl	kleine Erhöhung auf der Haut
rockerl-zwitschern	weiblichen Wesen nachpfeifen, heute politisch korrekt: *Catcalling*
Rodlerei	1. langsames Fahren 2. Geräusche von Blähungen
rogeln	lockern
rollen	Wäsche glätten
Röllerl	Eierschwammerl (Oststeiermark)

Roratewürsteln

jene werden am 1. Adventsonntag gegessen.
Rorate caeli desuper, et nubes pluant iustum – Taut, ihr Himmel, von oben, ihr Wolken, lasst Gerechtigkeit regnen.
(vgl. die Nachdichtung im Adventlied *Tauet Himmel, den Gerechten*)

Rossglück unerwartetes Glück

Rossschlaf tiefer Schlaf, aus dem man schwer zu wecken ist

Rueff öffentliche Kundmachungen (Verordnungen, Gesetze)

Rundell (Rondell) rundes Beet

Russenluster Deckenlampe, die nur aus einer Glühbirne besteht

Rutschipeter jem., der nicht stillsitzen kann

Rutschn, legen 1. (Gspr.) überlisten
2. jem. in Kontakt bringen
3. jem. Hindernisse aus dem Weg räumen

S

satzen (mhd. *sa(t)z:* Satz, Sprung, eiliger Schritt) in hastigen Schritten davonsausen

Sauglocken *Der tuat gern Sauglocken läuten.* – Er spricht mit Vorliebe Obszönes aus.

Sauhammer Schweinekeule

Saunigl unflätiger Mensch

Schab 1. Bund (ein Schab Stroh)
2. Motte

schabeln leichtsinnig sein

schachteln mit Schachtelhalm schleifen („das Schleifpapier des Mittelalters“)

Schaluppe (tschech. *chalupa*) altes, baufälliges Haus

schanzeln (frz. *chance:* Glück) um Geld kegeln

Scharwenzel, der übertrieben Dienstbeflissener

Scheinghaus (Schenkhaus) Buschenschank

Scheißtag 29. oder 30. Dezember
Scheißtage wurden unter Knechten und Dienstboten die zusätzlichen unbezahlten Arbeitstage bezeichnet: ein Ausgleich für die von ihnen beanspruchte Zeit für die Verrichtung des Stuhlgangs

Schiawa (Schieber)
1. Tanzform (nach den über den Boden zu schiebenden Füßen benannt)
2. Förderer im Hintergrund

Schichtarbeiter-Programm Vormittagsfernsehprogramm des ORF in den 1970er-Jahren (Sendetermine: Mittwoch und Freitag 10.30 bis 12.00 Uhr)

Schimmel (lat. *simile:* ähnlich)
1. Vorlage zur Herstellung von Akten (Amtsschimmel!)
2. Greis (weißhaarig)

Schimmelbrief unpersönlicher Serienbrief

Schlakrawurst	Ausdruck des Beteuerns
Schlapraments-tag	(ital. *sciopramento:* Müßiggang) Tag des Geldmangels vor der Gehaltszahlung
Schlamant	(frz. *amant*) Geliebter
Schlantander	Liebhaber
Schleckerl	köstliche Speise

schlekitzen	Intensivum von *schlecken*
Schleida	(Schleuder) Plappermaul
Schlick	(schlicken, schlucken) Essen
Schlung	(Schlund) Kehlkopf
Schmalzbruder	jem., der einer Arbeit oder Pflicht ausweicht
Schmalzdackn	(Schmalzdecke) Schmalzbrot
Schmalzhäfn	Zylinder
Schmis(er)l	(frz. *chemisette*) Unterhemd

Schmolln	(lat. *mollis:* weich) Inneres des Brotes
schmudeln	1. liebkosen 2. durch ständiges Angreifen abnützen
Schmuderl	Geliebte
schnabel-schnell	unüberlegt und vorlaut sprechend
Schnarfer	(tirol.) Schnerfer, Rucksack
Schnäuzel	Topfschnabel
Schneizhuda	(tirol.) Stofftaschentuch
Schnickl	Kauz
Schnipfer	Schelm
schnurkeln	1. sich über etwas beschweren 2. etwas wortreich aussprechen 3. Nachdenken
Schnürzer	(Schnitzer) schlechtes Taschenmesser
schoflig	1. unverschämt 2. mies 3. arglistig 4. erbärmlich 5. bösartig, (hunds)gemein 6. gehässig
Schoin	(Schale) Kleidung

Schrecken-berger 1. falsche erschreckende Mitteilung
2. Drohung

Schrenz (mhd. *schranz*) Abfall, Schnitzel (von Würsten u. dgl.)

Schrick Sprung (in Glas, Porzellan)

Schwarzkasperl Teufel

Seidener Spieler ohne Kampfgeist (der daher mit sauberem Dress das Spielfeld verlässt)

Seids daham verwandt! Aufforderung, sich gefälligst zu Hause zu streiten

Sektn im Kopf (tirol.) Blödsinn im Schädel

Sesselfrau

Bezeichnung für Frauen, die bis in die 1950er-Jahre in Wiener Gärten und Parks gegen Bezahlung Leihsessel anboten.
Seit 1885 wurden in den Gärtenanlagen Wiens Leihsessel aufgestellt. In den 30er-Jahren sind Sesselfrauen dunkel gekleidet und mit einer ledernen Bauchtasche ausgestattet.
Das Entgelt für einen Gartensessel betrug damals 17 Groschen, für einen Gartenlehnsessel 34 Groschen

Siechbett	Krankenbett
sochen	sich grämen
Solofresser	Vielfraß
Spangerl	Zigarette
Span(n)ler	Papierdrache, der an einem kreuzförmigen Rahmen angebracht ist
Speckkammerl	Arrest
Spekuliereisen	(scherzh.) Brille *spekulieren:* genau schauen
Spreizer	Prahlhans
Sprungtax	1. Entgelt für den Gemeindestier (für das Belegen einer Kuh) 2. (scherzh.) Alimente
stagelgrün	lästig, ärgerlich
Stan	(Stein) Silbergulden
Stanglkraxn	Leiterwagen
Staub	Kleingeld
Staudenhocker	einer, der beim Kartenspiel trotz gutem Blatt keine Ansage tätigt

Steinbrüderl guter Freund

Stellwagen Extrazimmer (Hinterstube eines Wirtshauses)

Stich verbal attackieren, anbeißen *(an Stich geben)*

stigerzen stottern, stammeln

Stippvisite (scherzh.) Petting

Stopfschwammerl

Gegenstand (meist aus Holz) in der Form eines Fliegenpilzes. Er wird in den schadhaften Strumpf oder die Socke unter das zu stopfende Loch geschoben und erleichtert durch das Aufspannen des Gewebes die Stopfarbeiten. Stopfschwammerln waren einst mit „heiteren" Sinnsprüchen wie *„Wenn dich die bösen Buben locken, bleib zu Haus und stopfe Socken"* versehen.

Stroaffa	(Streifer) 1. Hiebe 2. leichter Schlaganfall 3. kurzer Regenguss (meist nur auf einen Landstrich begrenzt)
strotten	stochern, aussortieren
studieren lassen	versetzen
Suttn	(mhd. *sute:* Pfütze) Senke, Mulde
Suzlzeug	Nascherei

T

Tachinitis (scherzh.) als Krankheit aufgefasste Faulheit

tacken anlocken

Tafelbett Bett, das tagsüber mit einer Tafel als Arbeits- oder Abstellfläche bedeckt wurde, bes. in Küchen und Werkstätten für das Personal

Taferlritter Taferlklassler (Schüler der ersten Volksschulklasse, die auf kleinen Schiefertafeln schrieben)

tageln 1. schlecht malen oder schreiben
2. besudeln

Tagzettel Meldezettel

talmi unecht

Tambour-schwanzl (mhd. *tambur:* Trommler) scherzh. für dünne Erdäpfelnudel

Tamleschi (tschech. *tam leži*: da liegt er)
1. Hingestürzter
2. ungeschickter Mensch

Tanzlatizl (lat. *laetitia:* Freude, Fröhlichkeit) Tanzunterhaltung ohne Eintrittspreis, jeder bringt etwas zu Essen oder Trinken mit

tascherln streicheln, liebkosen

tatarisch wild, arg

Tatschkerl

1. kleine Mehlspeise
2. leichter (meist eher zärtliche) Schlag mit der Hand

tauchen	1. schieben 2. rennen (abtauchen)
tauchte Haxen	durch Arbeit und Alter gebogene Beine
Tauwind	Südwind (seine Wärme führt zum Tauen)
Taz, der	Abgabe, Steuer
teigezen	(jidd.) reden, plaudern
tegetthoffblau	marineblau (Admiral Wilhelm von Tegetthoff, 1827–1871)
Teschek	(ung. *tessék:* bitte) Benachteiligter
Teufels-spirzerling	Pflanzenharz
Tintinger	Blamierter (Er sitzt in der Tinte.)
Töllenk	Tölpel, Narr
Trabigkeit	1. Geschäftigkeit 2. Eifer, Beflissenheit
Trabukko	Zigarrettensorte; allg: Zigarre
Tracht	eine Menge
Traktamenter	Speisen, die bei einer Tafel serviert wurden

trallen	(drehen) sich zusammenwinden (Zwirn)
Tramway-gnädige	zur Zeit des Bürgermeisters Lueger für die Frauen der Tramwayschaffner gebräuchlich, die sich durch die Trinkgeldeinnahmen ihrer Männer mehr als andere Frauen leisten konnten.
Trat	1. Viehweide 2. Getreide
trattnerisch	im Überfluss haben (nach dem reichen Erbauer des Trattnerhofes in Wien)
Tremml	derber, knotiger Spazierstock
Trempel, die	Rührkübel, Butterfaß
trennieren	1. hinausschieben, verzögern 2. vertrösten
triblieren	jem. anhaltend bitten
Triel, der	1. Lippe 2. unzufriedener Gesichtsausdruck
trischaken	quälen, ständig ärgern

Tritschtratsch	zweckloses Geplauder, Gewäsch
Tritteln	Gesichtsfalten
Trittling	1. Schuh 2. Fuß
Trockenwohner	Bezeichnung für Mieter während der Industrialisierung, die übergangsweise in Neubauten ebten, die noch nicht vollständig durchgetrocknet waren
Trücherl	kleine Truhe
trümseln	langsam sein
Tschibuk	Tabakspfeife
Tschick-arretierer	Kippensammler
tschinageln	hart arbeiten
tschmagelen	(tirol.) stinken
Tschocherl	kleines, nicht besonders vornehmes, doch oft gemütliches Lokal
tschukn	schnell laufen
tüld	1. betäubt 2. verwirrt
Tülle, die	Dachboden

türmisch	finster, trotzig
tuschieren	bekümmern, unangenehm berühren
Tulipane	(engl. *tulip*) Tulpe
turbiert	geistig verwirrt
tuseln	mürbe klopfen (Fleisch) siehe *tutscheln*
tutscheln	(vbg.) mürbe klopfen (Fleisch)
Tutter	junger, unerfahrener Mensch (mitunter noch geläufig unter dem Pleonasmus *junger Tutter*)

U

Überanand	1. Übereinkommen, Einigkeit
Ueberreuter	1. berittener Grenzwächter 2. Aufseher
überständig	gealtertes (noch nicht verheiratetes) Fräulein
Überzieher	Herrenmantel
umbandeln	etwas langsam verrichten
Umgang	Prozession (Fronleichnam)
umibuxen	den Rest eines Glases (Wein) hinunterstürzen
umkleschen	siehe oben

ummantschen

mit einer Gabel oder den Fingern in einer Speise herumstochern

umnurschen	ohne Appetit nur einige Bissen zu sich nehmen
umpudern	verbessern (Honi soit qui mal y pense!)
Umreid	Umweg
umwebern	nicht ruhig sitzen bleiben (herumwetzen)
umwerfen	1. in Konkurs gehen 2. Geld um sich werfen
Umwerfer	Prahlhans (s. o.)
Umurken	1. Gurke 2. übergroße Nase

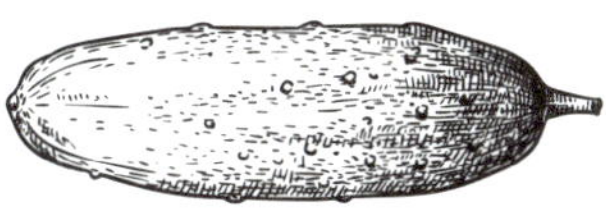

Unaderl, das	körperliches Gebrechen
Unde	(lat. *unda*) Welle, Woge
Unform	schlechte Gewohnheit
Unnummerierter	Herrschaftswagen, nobelstes Fuhrwerk
Unterflack	(Flack, Leinen) Leinenunterhose

V

valat (Gspr.) mittellos

Vaterunserdieb 1. Bettler an der Kirchentür
2. Heuchler

Vaterunserfresser bigotter Mensch

vazieren gehen arbeitslos herumgehen

verbleameln (verblümeln)
1. verschönern
2. verheimlichen
3. eine Sache besser darstellen, als sie es in der Tat ist

verfranzen, sich

sich verfliegen, sich verirren
Das Wort stammt aus der Fliegersprache des Ersten Weltkriegs. Die Besatzung der zweisitzigen Flugzeuge bestand aus Pilot und Navigator.
Letzterer bestimmte den Kurs, indem er Geschwindigkeit und Position mithilfe einer Karte, einer Uhr und eines Kompasses berechnete. Der Pilot bekam immer den Namen Emil, der Navigator (Beobachter) den Namen Franz. Die Namen waren kurz und ideal für den Flugfunk, weil sie auch bei lautem Flugzeuglärm leicht zu unterscheiden waren. Zudem wechselten die Besatzungen oft, weil die Gefahr eines Abschusses groß war.
So wurde aus den jeweiligen Militärs mit unterschiedlichen Namen einfach Emil oder Franz, je nachdem, welche Funktion sie hatten. Stimmten die Kursangaben von Franz nicht, verflog sich Emil:
Er hatte sich verfranzt.

vergachen, sich 1. überstürzen, sich übereilen
2. unüberlegt handeln

vergitschen zu Geld machen

verpempern schlecht ausführen

verplempern verplempern
1. vergeuden
2. verprassen (Geld)
3. verschütten
4. zu viel Bier trinken

verzezerln verwöhnen, verzärteln

Vize zweiter Hausknecht

Vogelwürstel Kanarienfutter

Volksfiaker Omnibus

vollschlank (heute selbstredend verpönter) Euphemismus für dicklich, mollig

W

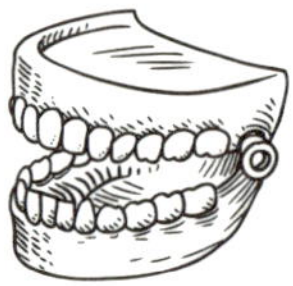

Wah	eine Delle
wallaschen	lallen
Wanzenburg	1. (scherzh.) altes, demolierungsreifes Haus 2. altes Armeeleutehaus
Wäschpracker	Gitarre
Waschurschl	weibliche Plaudertasche
Weiberer	Frauenheld
Weinscharl	Berberitze (Sauerdorn) Weinscharlzuckerln hatten einen weinsauren Geschmack und wiesen rosarote Farbe auf. Verpackt in Goldpapier wurden sie im 19. Jahrhundert hauptsächlich im Winter in den vornehmen Salons Wiens serviert.
Weißblechl	Silbermünze
Werkl	Leierkasten

Wetsch (tschech. *vec:* Ding) Knopf

Wimmerlagent Pubertierender (deutsches Pendant: *Pickelspion*)

Winterfenster Augengläser

Wipplingerbrosche

künstliches Gebiss
Bis in die 70er-Jahre befand sich das krankenkasseneigene Zahnambulatorium von Wien in der Wipplingerstraße im 1. Bezirk. Die Zahnprothesen wurden auf einfachste und billigste Art hergestellt, daher der Name Wipplingerbrosche oder Krankenkassenbeisserl

witsch im Nu

Wolferl Kreisel

Wolkenschieber Nichtsnutz

Wudlwudl Ente (Kindersprache)

Wurf ausgiebiges Essen

XY

XPx *exprès payé x* – Bezeichnung eines Telegrammes mit für x (Groschen) bezahltem Botenlohn

Ysop, der Küchenkraut

Z

Zagel Schweif

Zaher (Zähre) Träne

zammruachln durch Geiz anhäufen

zangert einzeln

Zangler 1. technisch begabte Person
2. versierter Fußballer

zanzert einzeln

zaplati (tschech. *zaplatit*) bezahlen

zausig unansehnlich

Zenterforward Mittelstürmer

Zephyr

(altgr. *zephyros*: der vom Berg Kommende)
1. milder Wind
2. weiches Baumwollgewebe
3. Türschließer
(bewirkt das selbsttätige Schließen einer Tür)
Sein Herz braucht *kan Zephyr, des bleibt eh immer zu.*

Zieche Bettüberzug

Zimmermanns Bua	(Gspr.) Christus
Zink	Hehler
Zinserl, das	Glitter, Flimmer
Zistel, die	tiefer Tragkorb
zmudlt	zerknittert
Zolpel	dicker, plumper Mensch
zommbiaschn	1. im Haus, in der Küche zusammenräumen (Pinzgau) 2. Geschirr abwaschen (Fieberbrunn, Tirol), könnte von *pirschen* (Jägersprache) stammen
Zund	1. Angeber 2. Denunziant 3. Wink, Hinweis
zuserln	wehklagen
zwalken	(tirol.) prügeln, schlagen
Zwang	Unterleibsverstopfung
Zweck	kleiner hölzerner Nagel
zwerch	1. quer 2. schief
Zwicker	Brille
Zuz	Schnuller

Abkürzungen

altgr.	altgriechisch
arab.	arabisch
engl.	englisch
frz.	französisch
Gspr.	Gaunersprache, Rotwelsch
hebr.	hebräisch
jidd.	jiddisch
lat.	lateinisch
mhd.	mittelhochdeutsch
pej.	pejorativ, abwertend
Pl.	Plural, Mehrzahl
scherzh.	scherzhaft
tirol.	tirolerisch
tschech.	tschechisch
ungar.	ungarisch
vbg.	vorarlbergerisch

Peter Ahorner

Vergessene Wörter - Österreich

Hardcover, 124 Seiten

mit Schmuckfarbe und Illustrationen

978-3-8000-7823-3